ISBN : 978-2-916947-10-5
Published by ABC MELODY, Paris, France
www.abcmelody.com
© abc melody 2008

All rights reserved. This publication is copyright. No part of this publication may be reproduced by any process, electronic or otherwise, without permission in writing from the publisher or authors. Neither may information be stored electronically in any form whatsoever without such permission.

Printed in China.

SING & LEARN chinese!

Music, programming & production : Stéphane Husar
Lyrics : PENG Ya-Yun

Mixing & mastering : Juan Sébastien Jimenez
Bass, double bass : Juan Sébastien Jimenez
Voices : MA Jun, Laure Limsakoune, Jacques Ding, PENG Ya-Yun
Graphic Design : Jeanne-Marie Monpeurt, Rob Young
Cover Illustration : Mark Sofilas
Inside pictures : Adam Thomas, Coco Wang

Welcome to the fun world of ABC MELODY!

SING & LEARN CHINESE is a unique collection of 10 original songs that introduce children to the Chinese language & culture through music and pictures. It's as easy as ABC :

A Look at the pictures,
B Listen to the songs,
C Sing along in Chinese and dance!

Each song is presented with the lyrics in Chinese characters, in Pinyin (Romanised characters) and with an illustrated vocabulary list so that children can easily identify the theme of the song and learn elements of the language straight away. English translations of the songs are included at the end of the booklet.

Music styles are varied and introduce children to rhythm and movement. Instrumental versions are included on the CD for fun karaoke sessions at home or in the car. And parents can learn too!

Have fun!

The ABC MELODY Team

1 拼音歌 (pīn yīn gē)
2 你好！(nǐ hǎo!)
3 你喜欢哪种颜色？
    (nǐ xǐ huan nǎ zhǒng yán sè?)
4 這是什麼水果？(zhè shì shén me shuǐ guǒ?)
5 你属什么？(nǐ shǔ shén me?)
6 星期歌 (xīng qī gē)
7 四季 (sì jì)
8 奥运 (ào yùn)
9 一起去中国！(yì qǐ qù zhōng guó!)
10 老师说 (lǎo shī shuō)

11-20 Instrumental versions

1 - 拼音歌
pīn yīn gē

b p m f
d t n l
g k h

拼音,拼音, pīn yīn, pīn yīn,
大家来唱拼音歌! dà jiā lái chàng pīn yīn gē!

j q x
zh ch sh r
z c s

拼音,拼音, pīn yīn, pīn yīn,
大家来唱拼音歌! dà jiā lái chàng pīn yīn gē!

a o e
i u ü
ai ei ao ou
an en ang
eng er

拼音,拼音, pīn yīn, pīn yīn,
大家来唱拼音歌! dà jiā lái chàng pīn yīn gē!

 歌 gē

 唱 chàng

2 - 你好！
nǐ hǎo！

你好，我叫小明　　　　nǐ hǎo, wǒ jiào xiǎo míng
你好，我住北京　　　　nǐ hǎo, wǒ zhù běi jīng

你好，你好吗？　　　　nǐ hǎo, nǐ hǎo ma？
你叫什么名字？　　　　nǐ jiào shén me míng zi？

你好，我叫小彩　　　　nǐ hǎo, wǒ jiào xiǎo cǎi
你好，我住上海　　　　nǐ hǎo, wǒ zhù shàng hǎi

你好，你好吗？　　　　nǐ hǎo, nǐ hǎo ma？
你叫什么名字？　　　　nǐ jiào shén me míng zi？

你好，我叫小蓝　　　　nǐ hǎo, wǒ jiào xiǎo lán
你好，我住西安　　　　nǐ hǎo, wǒ zhù xī ān

你好，你好吗？　　　　nǐ hǎo, nǐ hǎo ma？
你叫什么名字？　　　　nǐ jiào shén me míng zi？

 你好
nǐ hǎo

 我叫小明
wǒ jiào xiǎo míng

 再见
zài jiàn

 我住北京
wǒ zhù běi jīng

 你好吗？
nǐ hǎo ma ?

 我叫小彩
wǒ jiào xiǎo cǎi

 你叫什么名字？
nǐ jiào shén me míng zi ?

 我住上海
wǒ zhù shàng hǎi

3 - 你喜欢哪种颜色？
nǐ xǐ huan nǎ zhǒng yán sè ?

红色大船'呜呜呜'　　hóng sè dà chuán 'wū wū wū'
黄色公车'叭叭叭'　　huáng sè gōng chē 'bā bā bā'
绿色火车'隆隆隆'　　lǜ sè huǒ chē 'lóng lóng lóng'

红，黄，绿　　　　　hóng, huáng, lǜ
你喜欢哪种颜色？　　nǐ xǐ huan nǎ zhǒng yán sè ?

黑色单车'叮叮叮'　　hēi sè dān chē 'dīng dīng dīng'
白色飞机'咻咻咻'　　bái sè fēi jī 'xiū xiū xiū'
蓝色汽车'卜卜卜'　　lán sè qì chē 'bǔ bǔ bǔ'

黑，白，蓝　　　　　hēi, bái, lán
你喜欢哪种颜色？　　nǐ xǐ huan nǎ zhǒng yán sè ?

我喜欢所有颜色　　　wǒ xǐ huan suǒ yǒu yán sè
我喜欢所有颜色　　　wǒ xǐ huan suǒ yǒu yán sè

颜色
yán sè

我喜欢
wǒ xǐ huan

红色
hóng sè

我不喜欢
wǒ bù xǐ huan

黄色
huáng sè

船
chuán

绿色
lǜ sè

公车
gōng chē

黑色
hēi sè

火车
huǒ chē

白色
bái sè

单车
dān chē

蓝色
lán sè

飞机
fēi jī

你喜欢哪种颜色？
nǐ xǐ huan nǎ zhǒng yán sè ?

汽车
qì chē

4 - 這是什麼水果？
zhè shì shén me shuǐ guǒ？

苹果，芒果，无花果
样样都是好水果！

píng guǒ, máng guǒ, wú huā guǒ
yàng yàng dōu shì hǎo shuǐ guǒ！

这是什么水果？
那是什么水果？

zhè shì shén me shuǐ guǒ？
nà shì shén me shuǐ guǒ？

菠萝，樱桃，香蕉
样样都是好水果！

bō luó, yīng táo, xiāng jiāo
yàng yàng dōu shì hǎo shuǐ guǒ！

这是什么水果？
那是什么水果？

zhè shì shén me shuǐ guǒ？
nà shì shén me shuǐ guǒ？

 水果 shuǐ guǒ

 樱桃 yīng táo

 苹果 píng guǒ

 香蕉 xiāng jiāo

 芒果 máng guǒ

 好 hǎo

 无花果 wú huā guǒ

 这是什么水果？ zhè shì shén me shuǐ guǒ？

 菠萝 bō luó

9

5 - 你属什么？
nǐ shǔ shén me ?

我 属 鼠　　　　　wǒ shǔ shǔ
我 属 牛　　　　　wǒ shǔ niú
我 属 虎　　　　　wǒ shǔ hǔ
我 属 兔　　　　　wǒ shǔ tù
鼠 , 牛 , 虎 , 兔　　shǔ, niú, hǔ, tù

一 , 二 , 三 , 四　　yī, èr, sān, sì
你 属 什 么 ?　　　nǐ shǔ shén me ?

我 属 龙　　　　　wǒ shǔ lóng
我 属 蛇　　　　　wǒ shǔ shé
我 属 马　　　　　wǒ shǔ mǎ
我 属 羊　　　　　wǒ shǔ yáng
龙 , 蛇 , 马 , 羊　　lóng, shé, mǎ, yáng

五 , 六 , 七 , 八　　wǔ, liù, qī, bā
你 属 什 么 ?　　　nǐ shǔ shén me ?

我 属 猴　　　　　wǒ shǔ hóu
我 属 鸡　　　　　wǒ shǔ jī
我 属 狗　　　　　wǒ shǔ gǒu
我 属 猪　　　　　wǒ shǔ zhū
猴 , 鸡 , 狗 , 猪　　hóu, jī, gǒu, zhū

九 , 十 , 十 一 , 十 二　jiǔ, shí, shí yī, shí èr
你 属 什 么 ?　　　nǐ shǔ shén me ?

1 一 yī	 鼠 shǔ		你 属 什 么？ nǐ shǔ shén me ?
2 二 èr			
3 三 sān	 牛 niú		我 属 猪 wǒ shǔ zhū
4 四 sì	 虎 hǔ	 猪 zhū	
5 五 wǔ			
6 六 liù	 兔 tù	 羊 yáng	
7 七 qī			
8 八 bā	 龙 lóng	 猴 hóu	
9 九 jiǔ			
10 十 shí	 蛇 shé	 鸡 jī	
11 十一 shí yī			
12 十二 shí èr	 马 mǎ	 狗 gǒu	

6 - 星 期 歌
xīng qī gē

星期一，　　　　　　　　xīng qī yī,
爸爸弹吉他　　　　　　　bà ba tán jí tā
星期二，　　　　　　　　xīng qī èr,
妈妈弹钢琴　　　　　　　mā ma tán gāng qín
星期三，　　　　　　　　xīng qī sān,
哥哥弟弟踢足球　　　　　gē ge dì di tī zú qiú
星期四，　　　　　　　　xīng qī sì,
爷爷下象棋　　　　　　　yé ye xià xiàng qí

星期一，星期二　　　　　xīng qī yī, xīng qī èr
星期三，星期四　　　　　xīng qī sān, xīng qī sì

星期五，　　　　　　　　xīng qī wǔ,
奶奶去散步　　　　　　　nǎi nai qù sàn bù
星期六，　　　　　　　　xīng qī liù,
姐姐妹妹唱歌　　　　　　jiě jie mèi mei chàng gē
星期日，大家来跳舞　　　xīng qī rì, dà jiā lái tiào wǔ !

星期五，星期六，星期日　xīng qī wǔ, xīng qī liù, xīng qī rì

星期一
xīng qī yī

星期二
xīng qī èr

星期三
xīng qī sān

星期四
xīng qī sì

星期五
xīng qī wǔ

星期六
xīng qī liù

星期日
xīng qī rì

爸爸
bà ba

妈妈
mā ma

爷爷
yé ye

奶奶
nǎi nai

哥哥
gē ge
弟弟
dì di

姐姐
jiě jie
妹妹
mèi mei

吉他
jí tā

钢琴
gāng qín

足球
zú qiú

象棋
xiàng qí

散步
sàn bù

跳舞
tiào wǔ

7 - 四 季
sì jì

三月, 四月, 五月	sān yuè, sì yuè, wǔ yuè
是春天	shì chūn tiān
是春天	shì chūn tiān
蝴蝶翩翩	hú dié piān piān

六月, 七月, 八月	liù yuè, qī yuè, bā yuè
是夏天	shì xià tiān
是夏天	shì xià tiān
烈日炎炎	liè rì yán yán

春, 夏, 秋, 冬　　chūn, xià, qiū, dōng

九月, 十月, 十一月	jiǔ yuè, shí yuè, shí yī yuè
是秋天	shì qiū tiān
是秋天	shì qiū tiān
阴雨绵绵	yīn yǔ mián mián

十二月, 一月, 二月	shí èr yuè, yī yuè, èr yuè
是冬天	shì dōng tiān
是冬天	shì dōng tiān
雪花片片	xuě huā piàn piàn

春, 夏, 秋, 冬　　chūn, xià, qiū, dōng

14

 是冬天
shì dōng tiān

 雪花片片
xuě huā piàn piàn

 十二月
shí èr yuè
一月
yī yuè
二月
èr yuè

 是春天
shì chūn tiān

 蝴蝶翩翩
hú dié piān piān

 三月
sān yuè
四月
sì yuè
五月
wǔ yuè

 是夏天
shì xià tiān

 烈日炎炎
liè rì yán yán

 六月
liù yuè
七月
qī yuè
八月
bā yuè

 是秋天
shì qiū tiān

 阴雨绵绵
yīn yǔ mián mián

 九月
jiǔ yuè
十月
shí yuè
十一月
shí yī yuè

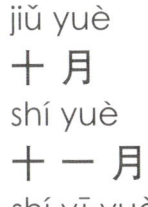

15

8 - 奥 运
ào yùn

赛跑、游泳一级棒
中国、法国、俄罗斯队
大家都是好朋友

sài pǎo, yóu yǒng, yī jí bàng
zhōng guó, fǎ guó, é luó sī duì
dà jiā dōu shì hǎo péng you

奥运大家来！
奥运一级棒！

ào yùn dà jiā lái !
ào yùn yī jí bàng !

体操、柔道一级棒
澳大利亚、日本、美国队
大家都是好朋友

tǐ cāo, róu dào, yī jí bàng
ào dà lì yà, rì běn, měi guó duì
dà jiā dōu shì hǎo péng you

奥运大家来！
奥运一级棒！

ào yùn dà jiā lái !
ào yùn yī jí bàng !

跳高、篮球 一级棒
马里、德国、巴西队
大家都是好朋友

tiào gāo, lán qiú, yī jí bàng
mǎ lǐ, dé guó, bā xī duì
dà jiā dōu shì hǎo péng you

奥运大家来！
奥运一级棒！

ào yùn dà jiā lái !
ào yùn yī jí bàng !

大家来！
dà jiā lái !

一级棒
yī jí bàng

朋友
péng you

中国
zhōng guó

法国
fǎ guó

俄罗斯
é luó sī

澳大利亚
ào dà lì yà

日本
rì běn

美国
měi guó

马里
mǎ lǐ

德国
dé guó

巴西
bā xī

赛跑
sài pǎo

游泳
yóu yǒng

跳高
tiào gāo

篮球
lán qiú

体操
tǐ cāo

柔道
róu dào

9 - 一起去中国!
yì qǐ qù zhōng guó!

去北京看长城　　qù běi jīng kàn cháng chéng
去北京吃烤鸭　　qù běi jīng chī kǎo yā
去四川看熊猫　　qù sì chuān kàn xióng māo
去四川吃火锅　　qù sì chuān chī huǒ guō

走, 走, 走, 走　　zǒu, zǒu, zǒu, zǒu
一起去中国玩!　yì qǐ qù zhōng guó wán!

去西安看兵马俑　qù xī ān kàn bīng mǎ yǒng
去西安吃牛肉面　qù xī ān chī niú ròu miàn
去新疆看大沙漠　qù xīn jiāng kàn dà shā mò
去新疆吃羊肉串　qù xīn jiāng chī yáng ròu chuàn

走, 走, 走, 走　　zǒu, zǒu, zǒu, zǒu
一起去中国玩!　yì qǐ qù zhōng guó wán!

 中国 zhōng guó

 熊猫 xióng māo

 看 kàn

 火锅 huǒ guō

 吃 chī

 兵马俑 bīng mǎ yǒng

 喝 hē

 牛肉面 niú ròu miàn

 长城 cháng chéng

 沙漠 shā mò

 烤鸭 kǎo yā

 羊肉串 yáng ròu chuàn

10 - 老 师 说
lǎo shī shuō

老师说：摸头　　　　　lǎo shī shuō : mō tóu
老师说：摸鼻子　　　　lǎo shī shuō : mō bí zi
老师说：摸眼睛　　　　lǎo shī shuō : mō yǎn jing
老师说：摸嘴巴　　　　lǎo shī shuō : mō zuǐ ba

一，二，三，四，五，　yī, èr, sān, sì, wǔ,
六，七，八，九，十　　liù, qī, bā, jiǔ, shí

头，鼻子　　　　　　　tóu, bí zi
拍拍手！　　　　　　　pāi pāi shǒu !
眼睛，嘴巴　　　　　　yǎn jing, zuǐ ba
拍拍手！　　　　　　　pāi pāi shǒu !

一，二，三，四，五，　yī, èr, sān, sì, wǔ,
六，七，八，九，十　　liù, qī, bā, jiǔ, shí

老师说：摸耳朵　　　　lǎo shī shuō : mō ěr duo
老师说：摸手臂　　　　lǎo shī shuō : mō shǒu bì
老师说：摸腿　　　　　lǎo shī shuō : mō tuǐ
老师说：摸脚　　　　　lǎo shī shuō : mō jiǎo

一，二，三，四，五，　yī, èr, sān, sì, wǔ,
六，七，八，九，十　　liù, qī, bā, jiǔ, shí

耳朵，手臂　　　　　　ěr duo , shǒu bì
拍拍手！　　　　　　　pāi pāi shǒu !
腿，脚　　　　　　　　tuǐ, jiǎo
拍拍手！　　　　　　　pāi pāi shǒu !

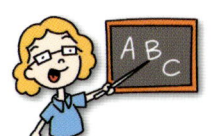

老 师
lǎo shī

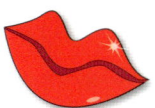

摸
mō

拍 拍 手！
pāi pāi
shǒu

头
tóu

鼻 子
bí zi

眼 睛
yǎn jing

嘴 巴
zuǐ ba

耳 朵
ěr duo

手 臂
shǒu bì

腿
tuǐ

脚
jiǎo

1 一 yī

2 二 èr

3 三 sān

4 四 sì

5 五 wǔ

6 六 liù

7 七 qī

8 八 bā

9 九 jiǔ

10 十 shí

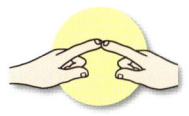

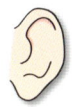

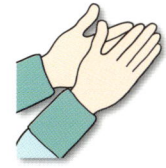

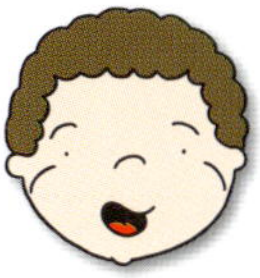

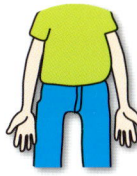

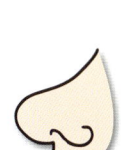

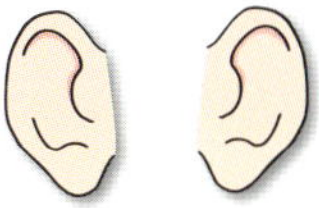

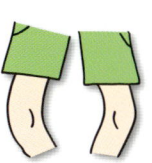

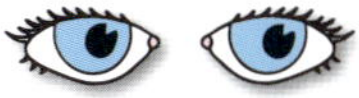

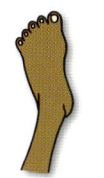

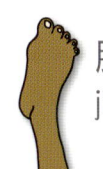

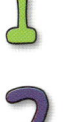

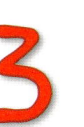

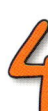

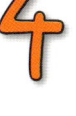

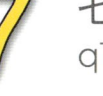

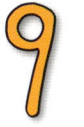

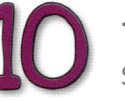

English translations of songs

1- THE PINYIN SONG
b p m f
d t n l
g k h
j q x
Pinyin, pinyin,
Let's sing the Pinyin song !

zh ch sh r
z c s
i u ü
Pinyin, pinyin,
Let's sing the Pinyin song !

a o e ê
ai ei ao ou
an en ang eng er
Pinyin, pinyin,
Let's sing the Pinyin song !

2 - HELLO !
Hello !
My name is Xiaoming
Hello !
I live in Beijing

Hello, how are you ?
What's your name ?

Hello!
My name is Xiaocai
Hello !
I live in Shanghai

Hello, how are you ?
What's your name ?

Hello !
My name is Xiaolan
Hello !
I live in Xian

Hello, how are you ?
What's your name ?

3 - WHAT COLOUR DO YOU LIKE ?
The red ship
'wu wu wu'
(sound of the siren)
The yellow bus
'ba ba ba'
(sound of the honk)
The green train
'long long long'
(sound of the wheels)

Red, yellow, green
What colour do you like ?

The black bicycle
'ding ding ding'
(sound of the bell)
The white aeroplane
'xiu xiu xiu'
(sound of propellers)
The blue car
'bu bu bu'
(sound of the engine)

Black, white, blue
What colour do you like ?

I love all the colours
I love all the colours

4 - WHAT FRUIT IS THIS ?
Apples, mangoes, figs
All these fruit are delicious

What is this fruit ?
What is that fruit ?

Pineapples, cherries, bananas
All these fruit are delicious

What is this fruit ?
What is that fruit ?

5 - WHAT IS YOUR STAR SIGN ?
I was born in the year of the rat
I was born in the year of the ox
I was born in the year of the tiger
I was born in the year of the rabbit
Rat, ox, tiger, rabbit

1, 2, 3, 4
What is your sign ?

I was born in the year of the dragon
I was born in the year of the snake
I was born in the year of the horse
I was born in the year of the goat
Dragon, snake, horse, goat

5, 6, 7, 8
What is your sign ?

I was born in the year of the monkey
I was born in the year of the rooster
I was born in the year of the dog
I was born in the year of the pig
Monkey, rooster, dog, pig

9, 10, 11, 12
What is your sign ?

6 - THE WEEK SONG
On Mondays
Dad plays the guitar
On Tuesdays

Mum plays the piano
On Wednesdays
The elder brother and the
younger one play football
On Thursdays
Grandad plays chess

Monday, Tuesday
Wednesday, Thursday

On Fridays
Grandma takes a walk
On Saturdays
The elder sister and the
younger one sing
And on Sundays
The whole family dances !

Friday, Saturday, Sunday

7 - THE FOUR SEASONS
March, April, May
It is Spring
It is Spring
Butterflies fly around

June, July, August
It is Summer
It is Summer
The sun shines

Spring, Summer
Autumn, Winter

September, October,
November,
It is Autumn
It is Autumn
It rains

December, January, February
It is Winter
It is Winter
The snow falls

Spring, Summer...

8 - THE OLYMPIC GAMES
Running, swimming,
it's great !
There are the teams
from China, France
and Russia
We are all good friends

Let's go to the Olympic
Games !
The Olympics are great

Gymnastics, judo,
it's great!
There are the teams
from Australia, Japan
and the United States
We are all good friends

Let's go to the Olympic
Games!
The Olympics are great

High jump, basket-ball,
It's great !
There are the teams
from Mali, Germany
and Brazil
We are all good friends

Let's go to the Olympic
Games !
The Olympics are great

9 - LET'S GO TO CHINA !
Let's go to Beijing
and visit the Great Wall
Let's go to Beijing
and eat Peking Duck
Let's go to Sichuan
and see the pandas
Let's go to Sichuan
and eat a Chinese fondue

Let's go, let's go !
Let's go, let's go !
Let's go and visit China !

Let's go to Xian
and visit the Terracotta
Warriors
Let's go to Xian
and eat beef nooddles
Let's go to Xinjiang
and see the big desert
Let's go to Xinjiang
and eat mutton skewers

Let's go, let's go !
Let's go, let's go !
Let's go and visit China !

10 - THE TEACHER SAID
The teacher said :
Touch your head !
The teacher said :
Touch your nose !
The teacher said :
Touch your eyes !
The teacher said :
Touch your mouth !

1, 2, 3, 4, 5, 6, 7, 8, 9, 10

Head, nose
Clap your hands !
Eyes, mouth
Clap your hands !

1, 2, 3, 4, 5, 6, 7, 8, 9, 10

The teacher said :
Touch your ears !
The teacher said :
Touch your arms !
The teacher said :
Touch your legs !
The teacher said :
Touch your feet !

1, 2, 3, 4, 5, 6, 7, 8, 9, 10

Ears, arms
Clap your hands !
Legs, feet
Clap your hands !